AF326280

# DECLARATION

DV ROY, PAR LAQVELLE
tous les habitans & autres perſonnes qui
ſont de preſent és villes de la Rochelle &
ſainct Iean d'Angely, & tous ceux qui les
fauoriſeront, ſeront declarez Criminels
de leze Majeſté : Auec inionction à tous
ſes ſubjets de la Religion pretendue re-
formée, de faire proteſtation de n'adherer en aucune ſorte à l'aſſemblee de ladite ville de la Rochelle, ny à toutes autres
qui ſe ſont tenues & tiennent ſans ex-
preſſe permiſſion de ſa Majeſté.

*Publiée en Parlement le 7. Iuin 1621.*

A PARIS,
Par FED. MOREL, & P. METTAYER,
Imprimeurs ordinaires du Roy.

M. DCXXI.
*Auec Priuilege de ſa Maieſté.*

OVIS PAR
LA GRACE DE
DIEV, ROY DE
FRANCE ET DE
NAVARRE, A
tous ceux qui ces
preſentes Lettres
verront, Salut. Le deſir que nous
auons touſiours eu de conſeruer le
repos & la tranquillité publique par-
my nos ſubjects, & d'empeſcher les
maux & deſolations que la leuee des
armes apporte ordinairement, & les
oppreſſions & calamitez que les peu-
ples en reçoiuent, Nous a faict tole-
rer & ſouffrir auec beaucoup de pa-
tience depuis pluſieurs mois en ça les
excez, deſobeïſſances & rebellions

A ii

qui ont esté commises en plusieurs Villes de nostre Royaume par aucuns de nos subjets, faisans profession de la Religion pretendue reformee, mesmes en celles de la Rochelle, Montauban & autres, où se sont tenues & se tiennent encores des Assemblees illicites, qui se sont plustost employees à former des estats populaires & republiques qu'à se conseruer dans l'obeissance à laquelle ils nous sont naturellement obligez, Ayans mesmes faict grauer vn Sceau, souz lequel & souz les signatures des principaux desdites Assemblees, ils ont lasché diuerses Ordonnances, decrets, mandemens & commissions portans pouuoirs à des particuliers de commander aux Prouinces & Villes, leuer les deniers de nos Finances & recepres, faire leuees d'hommes, d'armes & d'argent, fondre canon, énuoyer aux Prouinces & Royaumes estrangers, & autres semblables actions qui font affez paroiftre vne entiere rebellion & foufleuation ouuerte contre noftre auctorité : De-quoy ayans eu quelque cognoiffance dés le mois d'Auril dernier, Et fçachant qu'ils prenoient pretexte de fe porter à ces defordres, par le peu de feureté qu'ils difoient auoir de leurs perfonnes, & de la liberté de leurs confciéces, Nous voulufmes par no-ftre Declaration du vingt-quatriefme dudit mois d'Auril leur donner toute affeuráce de nos bonnes inclinations à l'endroit de ceux qui demeureroiét en leur deuoir : & les prenans en no-ftre protection & fauuegarde parti-culiere, faire cognoiftre que le voya-ge que nous nous preparions de faire en ces quartiers de deça eftoit plus-toft pour nous, approchans des lieux

où ces infolences fe commettoient, y
reftablir & faire paroiftre noftre auctorité à la confufion de ceux qui fe
trouueroient coulpables, Que pour
vfer d'autre plus grande rigueur, ny
nous feruir du pouuoir que Dieu a
mis en nos mains pour le chaftiment
de telles infolences. Mais tant f'en
faut que cela leur ait ouuert les yeux
pour les ramener à ce qui eft de leur
deuoir, que la plus part d'entre-eux
continuans en leurs mauuaifes volontez fe portent ouuertement à la
rebellion, & mefmes commettent
toutes fortes d'hoftilitez contre ceux
qui n'y adherent auec eux : Publians
ne recognoiftre autre chef que l'Affemblee qui eft dans la Rochelle,
Laquelle a faict à prefent retrouuer à
fainct Iean d'Angely plufieurs gens
de guerre leuez fouz leurfdites Com-
miffions qui font contenance de fe

vouloir oppofer à noftre paffage dans ladite ville, & nous en vouloir empefcher l'entree par la force des armes. Ce qui nous oblige voyant mefme que ce defordre eft fuiuy en plufieurs autres villes de noftre Royaume, de nous mettre en eftat d'en chaftier les autheurs felon leurs demerites, & d'employer à cet effect auec les voyes ordinaires de la Iuftice, les moyens que Dieu a mis en nos mains pour la manutention de noftre auctorité. Et afin que tous nos fubjets & fpecialement ceux qui font profeffion de ladite Religion pretendue reformee ne puiffent eftre abufez du faux pretexte dont ladite Affemblee fe fert pour les deftourner de leur deuoir, Et que les vns & les autres foient informez de nos intentions & volontez fur ce fujet: Novs de l'aduis des Princes, Ducs, Pairs, Officiers de

noſtre Couronne, & principaux de
noſtre Conſeil, Avons dict & declaré, diſons & declarons par ces preſentes, Qu'en confirmant noſdites
Lettres patentes dudit vingt-quatrieſ-
me d'Auril dernier, Nous auons pris
& mis, prenons & mettons en noſtre protection & ſauuegarde ſpe-
ciale, tous nos ſubjets de ladite Religion pretendue reformee, de quelque qualité & condition qu'ils ſoient
qui demeureront & ſe contiendront
dans noſtre obeiſſance, & ſouz l'ob-
ſeruation de nos Edicts, leſquels nous
voulons auſſi faire ſoigneuſement
obſeruer en leur faueur. Mais
voyans les rebellions manifeſtes qui
ſe commettent en noſtredite ville
de la Rochelle, tant par l'aſſemblee
qui y eſt touſiours ſubſiſtante contre
nos defenſes expreſſes, que par le
corps de ville, Bourgeois & habi-

tans

tans d'icelle, comme aussi ce qui se passe en nostre ville de sainct Iean d'Angely, & les actes d'hostilité qu'ils commettent iournellement contre nostre propre personne, Novs auons declaré & declarós tous les habitans & autres personnes de quelque qualité qu'ils soient qui sont à present demeurans, refugiez ou retirez dans la Rochelle & sainct Iean d'Angely, & tous autres qui les fauoriseront directement ou indirectement, & qui auront accez, intelligence, association & correspondance auec eux, ou qui recognoistront en quelque sorte que ce soit ladite assemblée de la Rochelle, ou les autres assemblees, cercles, abregez, cóseils de Prouinces, ou autres congregatiós qui ont correspondance auec celle de la Rochelle, & qui se tiennent sans nostre expresse permission, relaps, refractaires,

deſobeïſſans & criminels de leze Majeſté au premier chef, & comme tels
leurs biens nous eſtre acquis & con-
fiſquez: VOVLANS qu'il ſoit pro-
cedé contre eux ſelon la rigueur des
Loix & Ordonnances, par ſaiſies de
leurs perſonnes , annotations de
leurſdits biens, & autres voyes ordinaires & accouſtumees en tel cas?
Declarans auſſi noſdiétes villes de
ſainét Iean d'Angely, la Rochelle, &
toutes autres qui leur adhereront &
ſe porteront auec elles aux meſmes
crimes & deſobeïſſances, priuees &
deſcheuës de tous oétrois, priuileges,
franchiſes & autres graces qui leurs
pourroient auoir eſte concedees par
les Roys nos predeceſſeurs ou par
Nous. Et afin que nous puiſſions di-
ſcerner & recognoiſtre les bons d'a-
uec les mauuais, Nous voulons que
tous noſdits ſubjets faiſans profeſſio

de ladite Religion pretenduë Reformee, Tant Gentils hommes que autres de quelque qualité qu'ils soient,
& mesmes les Villes & Communau-
tez de ladite qualité, facent Declaration dans les Sieges Presidiaux,
Baillages & Seneschaussees de leur
ressort, des bonnes intentions qu'ils
auront à nostre seruice, Et qu'en icelles ils facent renonciations & desad-
ueuz, & protestent de n'adherer en
aucune sorte à ladite assemblee de la
Rochelle, ny à toutes autres assemblees, conseils de Prouinces, abregez, cercles, & autres qui (comme dit
est) se sont tenus & tiennent sans nostre permission expresse, & qu'ils se
veulent opposer auec Nous à toutes
les resolutiós qui y pourroient auoir
esté prises, dont ils retirerót les actes
qui pourront estre necessaires à leur
descharge: Comme aussi Nous de-

fendons tres-expreſſément à tous Gentils-hommes & autres de permettre à leurs enfans, domeſtiques ou autres dependans d'eux, d'aller dans leſdites Villes, ny y preſter comfort & aſſiſtance aucune, ny donner logement ou retraicte dans leurs maiſons à ceux qui iront ou conuerſeront en quelque façon que ce ſoit, ſur peine d'eſtre tenus coulpables de meſme crime. MANDANT & enioignant tres-expreſſément à tous Baillifs, Seneſchaux, Preuoſts, Iuges ou leurs Lieutenans, Vis-ſeneſchaux, Preuoſts de nos Couſins les Conneſtable & Mareſchaux de France, Et à tous nos autres Officiers qu'il appartiendra, de proceder exactement & ſoigneuſement contre les perſonnes & biens de ceux qui auront encouru ledit crime, & à nos Procureurs generaux & leurs Subſti-

tuts , de faire ſur ce les pourſuites, re-
quiſitions & diligences qui depen-
dent de leurs charges , ſans auoir eſ-
gard à aucunes ſauuegardes ou autres aſſeurances qu'ils pourroient a-
uoir obtenuës de Nous ſous faux
donnè à entendre ou autrement , ſi
ce n'eſt que leſdites ſauuegardes fuſ-
ſent en Lettres patentes , ſeellées de
noſtre grand Sceau, Et que dans icelles il fut expreſſément expoſé la permiſſion que nous leur aurions donnée
d'aller ou frequenter dans leſdites
villes rebelles.

SI DONNONS EN MANDEMENT
à nos amez & feaux, Les gens tenans
Nos Cours de Parlement & Cham-
bre de l'Edict, Que ce preſentes nos
Lettres de Declaration, ils facent li-
re, publier & enregiſtrer, chacun endroit ſoy ; Et le contenu en icelles
garder & obſeruer exactement ſelon

sa forme & teneur. Enioignans à nos
Procureurs Generaux & leurs Substituts d'y tenir soigneusement la
main, Et de faire toutes poursuites
& diligences pour ce requises & necessaires : CAR tel est nostre plaisir.
EN TESMOIN dequoy nous auons
faict mettre nostre seel à cesdites pre-
sentes.

DONNEES à Nyort le vingt-se-
ptiesme iour de May, l'an de grace
mil six cens vingt & vn, & de nostre
regne le douziesme.

Signées,                    LOVIS.
Et sur le reply,        Par le Roy.
                    DE LOMENIE.
Et seellees du grand seau de cire
iaune sur double queuë.

Et sur ledit reply est encore escrit :

*Leuës, publiees & Registrees, ouy &*
*ce requerã: le Procureur General du Roy.*

Et ordonné que coppies d'icelles collation-
nées seront enuoyées aux Bailliages &
Seneschaussees de ce ressort, pour y estre
semblablement leuës, publiees, regestrees,
& executees. Enjoint aux Substituts
dudit Procureur General tenir la main
à l'execution d'icelles, & en certifier la
Cour au mois, à peine d'en respondre en
leur propre & priué nom. A Paris en
Parlement le septiéme Iuin mil six cens
vingt-vn.

Signé,        DV TILLET.

## Sommaire du Priuilege.

PAR Lettres patentes du Roy, données à
Paris le vingt-deuxiefme iour de Feurier, mil
six cens vingt, fignees LOVIS, & fur le reply, Par
le Roy, DE LOMENIE, & fcellees du grand feel
dudit Seigneur, en cire iaulne, fur double queuë :
verifiees, tant en la Cour de Parlement, Cham-
bre des Comptes, Cour des Aydes, Chaftelet de
Paris, qu'au Bailliage du Palais: Il eft permis à Fe-
deric Morel, & Pierre Mettayer fes Imprimeurs
ordinaires, d'imprimer, ou faire imprimer, vendre
& debiter tous Edicts, Ordonnances, Mandemens, Lettres patétes, comme auffi tous Arrefts,
tant de fon Confeil, que de fes Cours, fans qu'autres Libraires & Imprimeurs les puiffent imprimer ne faire imprimer, vendre ne diftribuer, en
quelque forte & maniere que ce foit, fur peine de
cinq cens liures d'amende. Voulant au furplus,
que tout ce qui fe trouuera imprimé de ce que
deffus, parauttes que lefdits Morel & Mettayer,
foit faifi & cancelé comme nul & faulx, & faict
contre fon auctorité & commandement.

www.ingramcontent.com/pod-product-compliance
Lightning Source LLC
LaVergne TN
LVHW021505060726
842527LV00006B/2465